The Adventures of Scuba Jack
Copyright 2021 by Beth Costanzo
All rights reserved

This workbook belongs to:

_____

_____

_____

READ AND LEARN

Fish   Jellyfish   Squid

 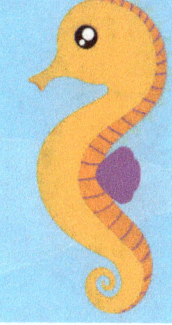 

Seahorse

Lobster

Sea Turtle

Crab   Octopus   Starfish

READ AND LEARN

Shark   Dolphin   Walrus

Shrimp   Whale

Shells

Oyster

Coral   Seal

TRACE AND WRITE

Fish

Dolphin

Whale

Shark

Seahorse

Turtle

Oyster

Crab

Lobster

TRACE AND WRITE

Octopus

Starfish

Squid

Coral

Seal

Shells

Shrimp

Walrus

Coral

COUNT AND WRITE

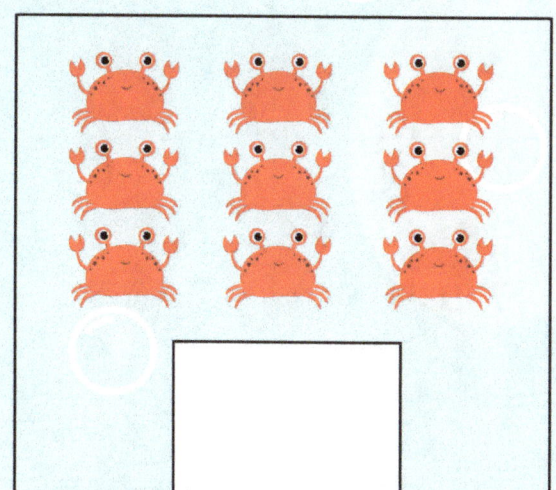

MATCHING

CONNECT THE DOTS

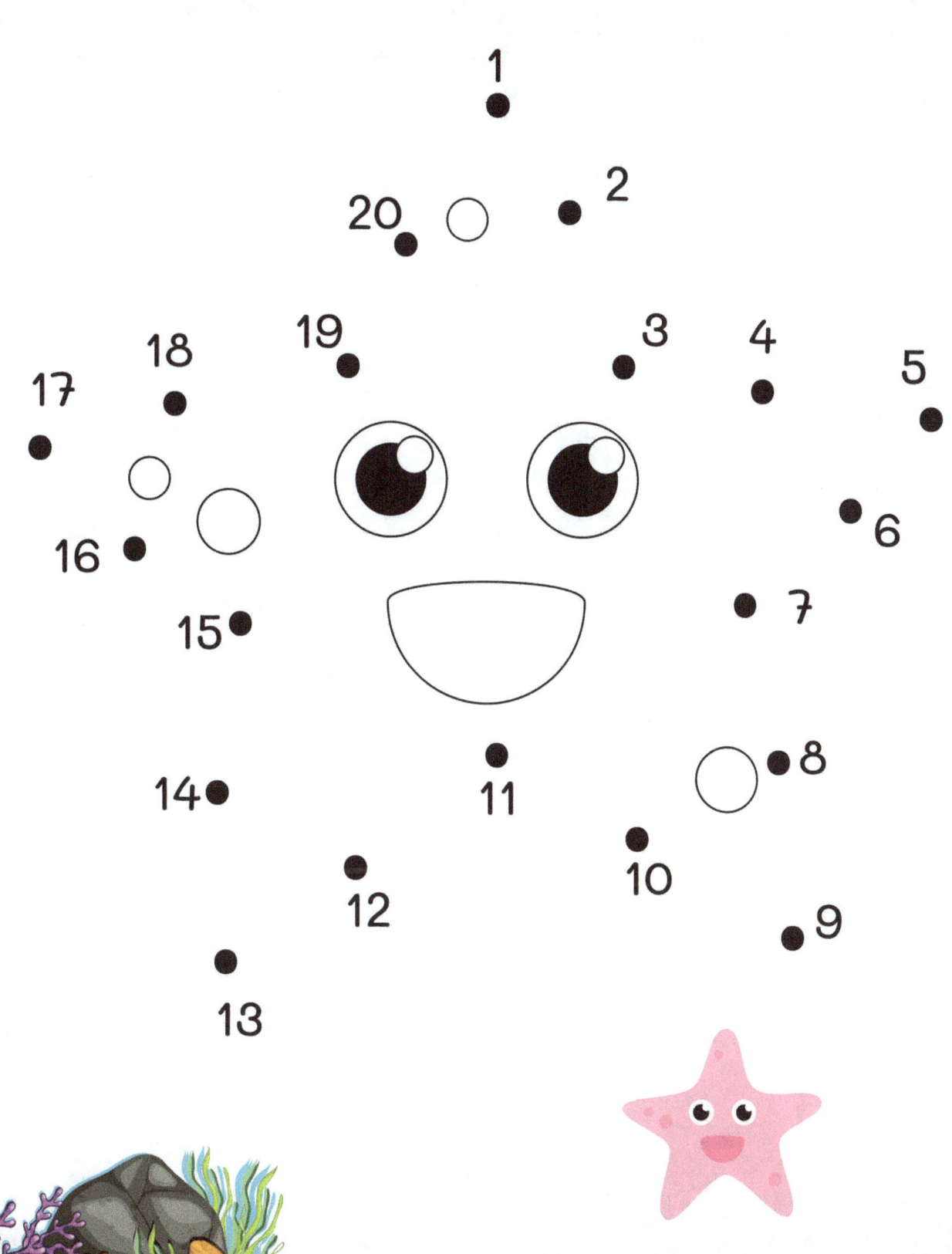

MAZE PUZZLE

WORD SEARCH

F	O	C	T	O	P	U	S	B	Y
Q	M	W	D	B	G	C	R	A	B
W	F	C	O	Y	L	P	F	C	A
H	I	O	L	O	B	S	T	E	R
A	S	Q	P	L	B	E	O	P	W
L	H	A	H	C	Y	A	B	Q	N
E	X	B	I	O	L	F	H	I	P
W	F	N	N	R	E	O	J	S	I
V	L	K	E	A	A	W	T	R	S
C	M	D	B	L	E	Q	B	R	J

SEA   CRAB
FISH   CORAL
LOBSTER   WHALE
OCTOPUS   DOLPHIN

OCEAN I SPY

MATCHING COLORS

Brown •   •

Green •   • (starfish)

Blue •   •

Pink •   • (seaweed)

Yellow •   •

Orange •   • (walrus)

Red •   •

DRAW IN SYMMETRY

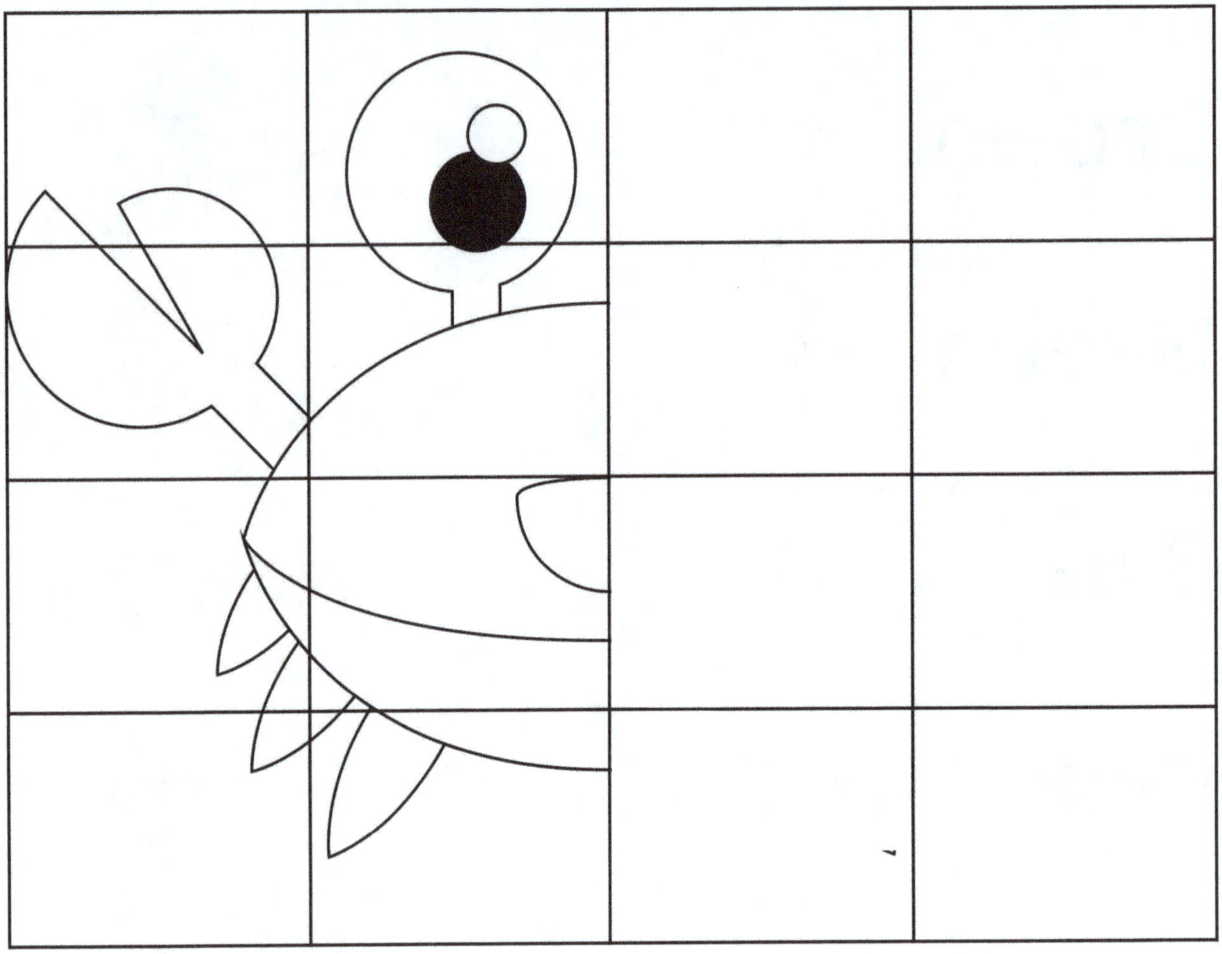

CUT AND PASTE

1	2	3
4	5	6
7	8	9

HOW MANY?

COUNT AND CIRCLE

13   15   17

16   20   18

8   9   7

16   17   19

11   10   12

13   11   14

CUT AND PASTE

Crab　　　Seal　　　Coral

Shark　　　Dolphin　　　Seahorse

COLOR BY NUMBERS

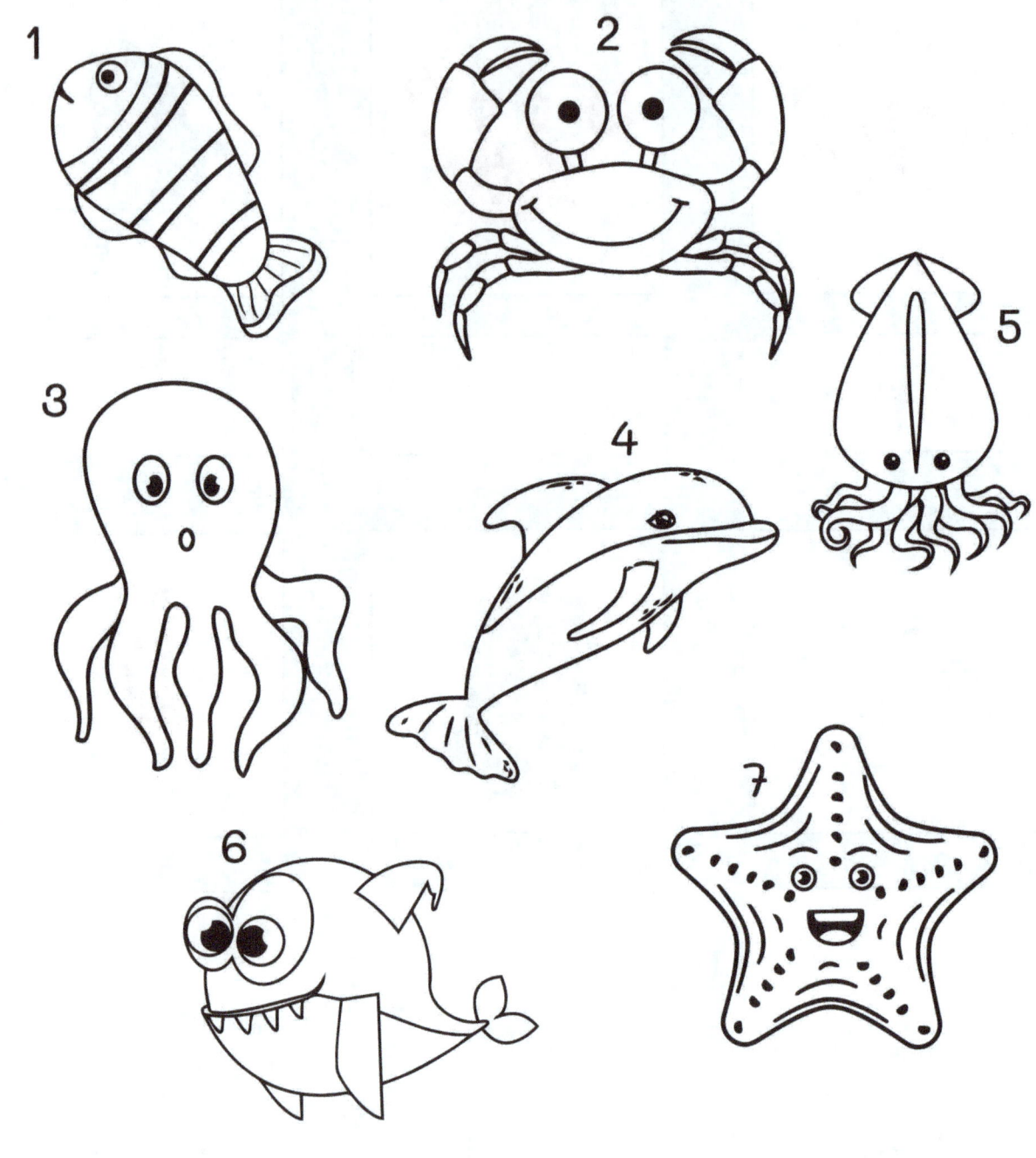

1 = Orange   4 = Blue   7 = Brown

2 = Red   5 = Pink

3 = Purple   6 = Green

WORD SEARCH

B	L	R	S	H	A	R	K	D	S
F	Q	C	J	I	S	E	A	L	T
M	P	V	E	G	N	C	N	H	A
K	E	D	L	D	F	J	D	Y	R
C	C	Y	L	L	S	E	O	U	F
Y	Z	O	Y	S	T	E	R	C	I
M	C	X	F	F	S	C	N	B	S
A	R	Q	I	S	Q	U	I	D	H
M	C	I	S	H	E	L	L	S	V
S	E	A	H	O	R	S	E	T	E

SHARK
OYSTER
SHELLS
SQUID

JELLYFISH
STARFISH
SEAHORSE
SEAL

DRAW IN SYMMETRY

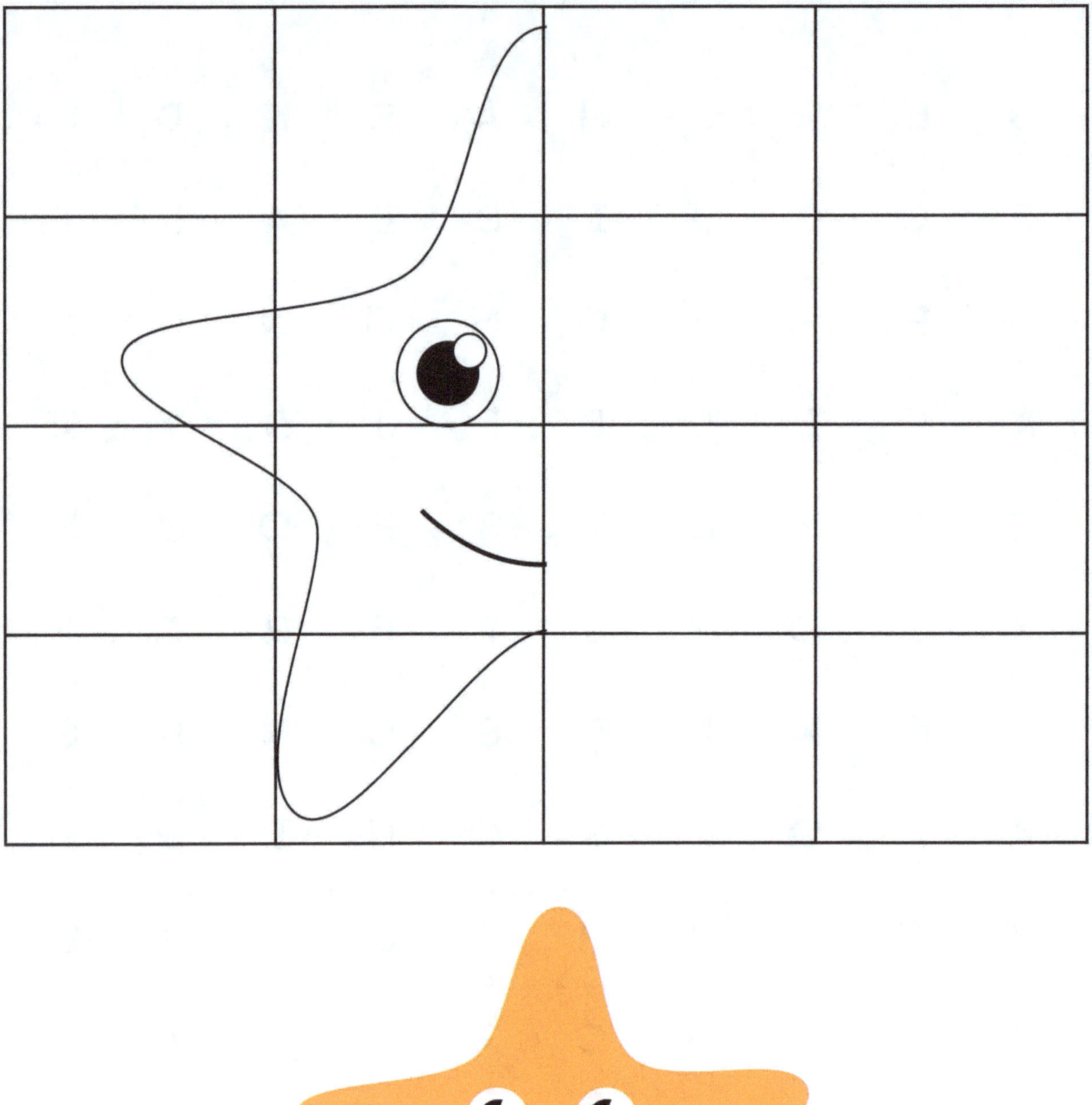

LEFT OR RIGHT

Circle the left seahorse.

Circle the right shark.

Circle the right seal.

Circle the left octopus.

Circle the left starfish.

Circle the right jellyfish.

COLORING ACTIVITY